L'épreuve

Du même auteur

Aux éditions Desclée de Brouwer

Vocation et liberté, 1963
La force de vivre, 1963 (rééd. Foi vivante)
Ceux qui perdent la foi, 1965
La peur ou la foi, 1968
Essai d'une critique de la foi, 1968
Le sens actuel du christianisme, 1969
Le point critique, 1970
Réalité sexuelle et morale chrétienne, 1971
Le déplacement de la religion, 1972
Foi et psychanalyse, 1973
Naissance de Dieu, 1974
Au Christ inconnu, 1976 (rééd. 1995)
La théorie du fou, 1977
Le Dieu pervers, 1979 (rééd. 1998)
Théologie express, 1980
L'Issue, 1984
L'écoute, 1989
Dire ou la vérité improvisée, 1990
L'Église morte ou vive, 1991
Critique de la raison sourde, 1992
La seconde humanité, 1993
Incipit ou le commencement, 1994
Sur l'autre rive, 1994
L'extase de la vie, 1995
Les allées du Luxembourg, 1996
Le lieu perdu, 1996
L'Europe au-delà d'elle-même, 1996
L'insurrection, 1997
Le sauvage indigné, 1998
Thérèse et l'illusion 1998
La chose la plus étrange, 1999
Le rêve (avec Jin Si Yan), 1999
La voie, (rééd.), 2000
L'amour déchiré, 2000
La quatrième hypothèse, 2001
La longue veille 1934-2002, 2002
La nuit de Zachée, 2003

Chez d'autres éditeurs

Construire un langage, Mame, 1968
Les survivants, Gallimard, 1974
Le lieu du combat, Desclée, 1976
L'immense, Nouvelle Cité, 1987
Octone, roman, Ed. du Cerf, 1987
Christ, Desclée, 1990
L'invitation, éd. Bayard, 2003

Maurice Bellet

L'épreuve

ou

Le tout petit livre de la divine douceur

DESCLÉE DE BROUWER

© Desclée de Brouwer, 1988
2 et 9, Passage de la Boule-Blanche, 75012 Paris
www.descleedebrouwer.com
ISBN 2-220-03757-6

à A. M.
et à tous ceux et celles
dont l'amitié n'a pas manqué

*Le tout petit livre
de la divine douceur*

On oublie vite. Est-ce que déjà ne s'efface pas, en moi, la trace de ces jours-là ?

J'écrivais, sur mon lit, de petites notes. Ça me venait comme ça, comme une parole qui m'était dite en même temps que je la disais. C'était une parole de consolation.

Peut-être touche-t-elle, en moi, en chacun, à des choses trop proches pour qu'on ait envie de discourir dessus. Pudeur oblige.

Il ne reste qu'à dire simplement, sans rien ôter ni ajouter, sans réfléchir ni arranger.

En peu de mots.

I

1
Entrée de la divine douceur

1. La divine douceur est paix, profonde paix, paix miséricordieuse, apaisement.

C'est une main douce et maternelle, qui sait, qui conforte, qui répare sans heurt, qui remet dans la juste place.

C'est un regard comme celui de la mère sur l'enfant naissant. C'est une oreille attentive et discrète, que rien n'effraie, qui ne juge pas, qui prend toujours le parti du bon chemin d'homme, où l'on pourra vivre même l'invivable.

Elle est ferme comme la bonne terre sur qui tout repose. On peut s'appuyer sur elle, peser sans crainte. Elle est assez solide pour supporter la détresse, l'angoisse, l'agression, pour tout supporter sans faiblir ni dévier. Elle est constante comme la parole du père qui ne plie pas. Ainsi est-elle le lieu sûr, où je cesse d'être à moi-même frayeur.

C'est pourquoi c'est sottise de la croire faiblesse. Elle est la force même, la vraie, celle qui fait venir au monde et fait croître. L'autre, celle qui détruit et tue, n'est que l'orgie de la faiblesse.

Mais la divine douceur est une douce fermeté, car pas un instant elle ne blesse le cœur, elle ne meurtrit ce qui est au cœur de l'homme, où il trouve vie.

La divine douceur sauve tout, elle veut tout sauver. Elle ne désespère jamais de personne. Elle croit qu'il y a toujours un chemin. Elle est inlassablement inlassable à enfanter, soigner, nourrir, réjouir et conforter.

2. La divine douceur est charnelle, elle est du corps. Elle ne se passe pas en idées et discours, en décisions, en états d'âme. Elle ne se soucie pas d'exhorter ou d'expliquer.

Elle est dans les mains, le regard, les lèvres, l'oreille attentive, le visage, le corps entier. Elle est dans les gestes du corps. Elle est l'âme aimante du corps agissant. Elle est la beauté aimante du corps humain.

La divine douceur est sans preuve. Elle ne se donne pas par des arguments, des explications, des justifications. Elle paraît naïve et désarmée devant le soupçon ; en fait, elle y est indifférente.

Car elle se goûte.

Pourquoi divine ? Parce qu'elle ne serait pas humaine ? C'est tout l'inverse : elle est divine d'être humaine, entièrement humaine en vérité.

3. Elle est l'amour d'amitié. Elle est l'amour par-delà l'amour, parce qu'elle ne cherche ni preuve, ni satisfaction, ni possession, ni rien de semblable. Elle ne se donne pas par devoir, mais par goût. Elle ne sait même pas qu'elle se donne. Elle est d'un naturel exquis.

Elle peut se faire service, et de mille façons. Mais elle est d'abord elle-même, ô douceur divine, et ce don-là précède tous les autres.

Elle est présence, elle est hospitalité, elle est parole échangée. Elle est compassion. Elle est la discrétion même.

Oh, qu'elle est désirable ! Elle est le sel de la vie.

Le moment où on le sait, c'est celui de la douleur.

2
Le plus dur

1. Le plus dur n'est pas la douleur.

Je ne parle pas de la douleur transperçante, térébrante, qui vous laisse pantelant, hagard, qui fait crier, qui déchire tout. Ni non plus de cet innommable, l'état d'après anesthésie par exemple, où l'on n'est plus, où qui je suis se dissout dans une souffrance sans contours et sans mots. Le paysage de l'âme est alors comme la Sibérie de l'ouest, la « terre oubliée de Dieu » : un marécage infini, glace fondante noyée dans un ciel opaque.

Je parle ici de la douleur ordinaire, celle qui ne vous lâche pas, ni jour ni nuit, qui vous fait le sommeil (même aidé de médicaments) agité et haché. Mais c'est une douleur assez limitée pour qu'on puisse être en face, ou la porter. On n'est pas perdu, anéanti dedans.

Elle dure. Elle vous tient le long temps où le corps a perdu son inestimable, son prodigieux équilibre (le miracle quotidien ne vous étonne pas, tant qu'il se maintient).

Alors, le pire, c'est l'inquiétude. C'est se demander : combien de temps ? et ce qui ne marche plus va-t-il remarcher ? et quelles séquelles ? et quel traitement ? et ont-ils raison, ces docteurs pas toujours d'accord, si souvent lointains, pressés — trop sûrs ou inquiets ? et cette petite douleur nouvelle, qu'annonce-t-elle ?

Et toutes les inquiétudes en plus, sur les affaires en panne, les questions pratiques, l'argent et le reste.

Si l'inquiétude pouvait se taire tout à fait — si par exemple je *savais* que dans dix jours, quinze jours, un mois, tout sera en place — alors je porterais gaiement le malheur du jour.

Mais ne pas savoir... Sentiment, parfois, d'une histoire à la Kafka. On ne sait pas où ça débouche, on croit qu'enfin le chemin remonte et, à nouveau, la chute, la misère imprévue qui vous prend par le travers. C'est cette répétition de la mauvaise surprise qui finit par miner la brave confiance que vous aviez en votre propre corps et en la vie qui répare tout.

Les reptiles de l'inquiétude, ils vous tiennent, vous serrent, vous empoisonnent de leur venin.

L'équilibre est rompu, la maison est cassée, l'avenir est incertain. Veille épuisante au bord de la menace inconnue.

Apprendre à vivre au jour le jour. A chaque jour suffit sa peine.

2. Humiliation de l'inquiétude : il serait si beau d'être parfaitement fort et tranquille ! Comme on ferait meilleur visage ! Alors qu'on est là, attentif aux symptômes, angoissé de ces troubles, même légers, qui annoncent peut-être la rechute...

Humiliation plus élémentaire : le corps humilié. Allongé, incapable, dévêtu, vêtu du pyjama de l'hôpital. Planté d'aiguilles. Prolongé de tuyaux, de sondes, d'engins divers. Cloué.

La première fois qu'on remet veste, pantalon, chaussures, on se sent devenir humain à part entière.

Avec toutes les faiblesses, de corps et d'âme, qu'on ne peut cacher.

3. L'inquiétude, l'humiliation, la dépendance.

Voici qu'on dépend totalement d'autrui. Pour survivre. On est entre les mains des médecins, des infirmières, des aide-soignantes. Livré.

Tellement dépendant qu'on craint de protester lorsqu'ils font mal ou se font attendre ; lorsque, vraiment, ils manquent à leur tâche. On a peur d'eux. Ils sont tout-puissants.

Mon pauvre voisin, âgé, immigré, n'ose pas la

nuit appuyer sur le bouton d'appel — il a « peur de déranger ».

On souhaite, on attend la bienveillance, le sourire, le mot plaisant. On espère cette espèce de complicité élémentaire qui rend proche : par un mot drôle, un geste compris, une remarque entendue.

L'irritation, l'agacement sont insupportables. Et plus encore l'indifférence ; le sentiment d'être le lit n° tant, la perfusion ou la sonde du 220.

Dans la douleur, dans la faiblesse : dépendance effrayante.

On comprend à quelles folies peut mener la peur d'être repoussé par les autres, de ne plus compter, de n'être plus ni écouté ni regardé. On comprend que des hommes puissent s'avilir, se déshonorer — ou se faire tuer — pour éviter ça. Tout — plutôt qu'être rejeté ; tout — pour rester « avec eux ».

4. J'ai connu sur moi des mains maladroites et brutales. A la énième tentative ratée pour me faire ce qu'il fallait me faire, on s'est résigné à aller chercher quelqu'un qui savait, et qui l'a fait du premier coup, sans les douleurs atroces des essais précédents.

Je saisis sur le vif, sur un cas irrécusable, qu'on peut être livré à l'incompétence. Que ma santé, ma vie peuvent dépendre de la maladresse obstinée d'une infirmière ou d'une aide-soignante — car, au-delà de la douleur, il y a les risques, les conséquences.

Et qu'y puis-je ?

5. Le travail urgent ? Arrêté. Les rendez-vous indispensables ? Renvoyés, supprimés. Les démarches, les choses à faire, les rencontres, tout ce qui ne pouvait pas attendre ? Tout attendra.

Combien de temps ? On ne sait pas. On croit savoir, on fixe le délai ; on s'est trompé. Il faut accepter d'être hors de tout pour le temps que ça durera. Hors du monde, hors de l'urgent et du nécessaire.

Et si quelqu'un veut faire du zèle et marcher quand même, tout ce qu'il y gagne est d'être indisponible un peu plus longtemps.

On ne commande plus.

Il n'y a plus que le corps dolent, l'urgence médicale — et cet autre monde, l'hôpital.

Réduction féroce aux nécessités du corps, heure à heure.

6. Et tu dois faire confiance aux médecins et à ton propre corps. Tu dépends d'eux entièrement.

Les médecins, pour les soins qu'ils donnent. Ton corps, parce que c'est de sa capacité à survivre que dépend ta survie. Et c'est hors de ta volonté : le corps suit sa loi propre.

On dit : le moral compte, le psychique importe

autant que l'organique. Vrai. Mais ça n'ôte rien à ce que je viens de dire, la reprise des fonctions organiques, ça vient ou ça ne vient pas ; la remise en ordre se fait ou non.

Au surplus, qui donc s'imagine que le psychique, comme on dit, est simplement sous la loi du vouloir ? Celui-là ne se connaît pas encore.

7. L'abominable fatigue ! Il n'y a rien d'aussi médiocre, d'aussi terne, d'aussi plat que la fatigue.

C'est sans visage et sans forme. C'est seulement qu'on est faible, faible, sans forces. Que les actes les plus simples sont des montagnes à gravir. Que cette toute petite course à faire, dans la rue d'à côté, est une épreuve angoissante.

Et la volonté ? Et le bel effort ? Le bel effort est sanctionné aussitôt : vous ne pouvez plus, vous suez de partout, vous glissez dans le vide, il va falloir qu'une bonne âme vous ramène à la maison (encore l'humiliation).

Je comprends les vieillards, leur *fond* de douleur : c'est cette fatigue, qui rend tout pesant, qui rend chaque pas qu'on fait héroïque !

Fatigue qui, par moments, vous vide l'esprit : vous n'êtes plus que ce « légume » qui végète entre la nourriture difficile à avaler et les laborieux exercices pour éliminer les déchets de la digestion.

Encore n'ai-je connu la fièvre que peu de temps ; il est vrai, fulgurante. Tremblements de partout. Emporté dans une détresse brûlante, défait.

O longue, longue litanie de nos douleurs !

Et voici la pensée effrayante : ce que je souffre n'est rien à côté d'autres souffrances.

Et d'amis, de proches : souffrances que je connais de près. Pour l'instant je ne me tourne pas vers cet abîme. Mais je sais qu'il existe, qu'il est là.

8. L'hôpital ou la clinique, c'est un monde à part, un autre monde. Claustration. Il a ses lois, son ambiance. Le monde « réel » est dehors, on l'aperçoit par la fenêtre.

Quand on y retourne, on est pris de vertige.

On peut s'habituer à l'hôpital. A partir, en tout cas, du moment où la douleur cesse, où l'on est seulement dans les soins et la fatigue, on peut s'habituer à vivre allongé sur son lit, en pyjama, hors de tout, simplement distrait par le téléphone et les visites, passant le temps à lire vaguement ou à somnoler.

La vieille énergie est oubliée, on se dissout dans une hébétude tranquille.

On finirait par aimer à vivre là et par craindre d'affronter le dehors si redoutable.

Hôpital, monde à part. En même temps, grossissement de ce qui fait notre condition ordinaire ; en tout cas, de quelques aspects majeurs.

La maladie et la douleur, c'est, révélé à cru,

tout un côté de notre vie que nous essayons de laisser dans l'ombre.

C'est l'annonce de notre fin inévitable.

C'est tout le côté éprouvant de la vie. C'est-à-dire qu'il faut faire le tri ; ou plutôt : ça fait le tri. L'apparence fond ; tout l'artifice, toute la surface, toutes les constructions vaines ou abusives disparaissent.

Voici qu'il faut trouver un autre chemin. Et essayer de ne pas le perdre.

3
Le simple et le nécessaire

1. Tout va vers le simple.

    Grand nettoyage des encombrements et complications — quand le corps cesse d'être disponible, bon serviteur toujours prêt, corvéable à merci. (On se plaignait — quelle illusion !)
    Il n'y a plus de réflexion, plus de discours construits, plus d'activité, plus de maîtrise. Plus de pensée.
    On est réduit à l'essentiel.
    Quel essentiel ?
    Il semble qu'il soit du côté du corps, de ses besoins, de ses urgences criantes. L'essentiel, c'est de survivre.
    Qu'est-ce qui demeure ?
    Juste le nécessaire, le vraiment nécessaire — ce

qui doit demeurer quand tout manque, quand la maison s'écroule, quand le corps se défait et qu'à cause de sa douleur toutes les belles pensées et les belles résolutions ne sont rien.

Demeure le très simple qui me donne d'être encore en vie.

Je le connais comme je peux. J'y tâte, j'y pressens quelque chose de la divine douceur, par l'amitié des amis, par le soin reçu, par le souffle imperceptible d'amour qui traverse le gémissement et la blessure.

C'est simple et nu, sans phrases, pauvre comme la naissance. C'est sobre, vital, comme les choses du corps.

2. Il y a sept choses qui sont absolument nécessaires à l'homme : car si elles manquent ou tardent trop, il meurt.

C'est :
respirer
boire
manger
pisser
aller à la selle
dormir

La septième chose, je ne la nomme pas pour l'instant.

Celles que j'ai nommées paraissent bien triviales — surtout les fonctions d'élimination. Mais, qu'on aime ou pas, ce sont les nécessités strictes.

On le sait, de dure science, quand l'une ou l'autre vient à se dérégler.

Merveille du corps ! On oublie le miracle, il paraît tout naturel. Mais le moindre brouillage dans sa complexité prodigieuse — et tout s'effondre de ce qui vous paraissait aller de soi.

3. Poids du corps. Le plus grand homme, le plus grand prophète, le plus grand philosophe, l'homme d'Etat, l'homme de science éminent, tous sont tenus aux nécessités que j'ai dites.

On peut tous les imaginer pissant et défécant : car ils ne sauraient y manquer. L'homme est un animal.

Peut-être est-il autre. Peut-être que le corps de l'homme est aussi tout autre. Peut-être avons-nous plusieurs corps ; le même et pourtant plusieurs.

Mais le corps dolent rappelle brutalement qu'il est animal, soumis aux nécessités organiques. Humilité d'en dépendre, d'être occupé de ça, d'avoir pour souci principal, effaçant même tout le reste, de parvenir à sauver les fonctions triviales !

4. La septième chose est la divine douceur. Vous pouvez la nommer tout autrement. Vous pouvez en parler tout autrement que je ne le fais. Aussi bien échappe-t-elle à toute théorie, à tout discours qui voudront la saisir. Car son lieu est — le corps.

Elle est regard, elle est voix, elle est présence

du corps, elle est soin et nourriture, elle est nettoyage, désencombrement, libération du mort et du pourri.

En elle, toutes les fonctions du corps demeurent et changent. En elle s'annonce l'autre corps, où le corps de douleur et d'absence devient sauf de sa bassesse.

L'autre corps est demeure de la divine douceur.

Même les fonctions les plus basses : car elles éliminent. Et la divine douceur purifie.

5. Et la fonction d'amour du corps ? ce que grossièrement nous nommons sexe ?

Je n'en ai point parlé, car elle n'est pas du strictement nécessaire : on peut vivre continent, on ne peut vivre sans pisser. C'est ainsi.

Le strictement nécessaire touche à ma survie. La fonction d'amour est au-delà, vers ce qui dépasse ma propre vie, vers ceux qui naîtront après moi.

C'est ainsi.

Rappel des vérités élémentaires !

Pourtant, cette fonction d'amour doit bien avoir rapport intime avec la divine douceur.

Il faudra le reconnaître en son temps.

6. Au creux de la douleur, l'amitié, l'amour d'amitié, cela seul demeure.

Tout le reste s'est absenté.

Oh que je plains le seul, l'abandonné !

L'amour d'amitié a trois visages : la présence, l'hospitalité, l'écoute. Les trois sont un.

La présence est toute simple : visite, téléphone ; ou même : faire dire par quelqu'un, je pense à toi, je pense à vous. Ainsi je continue d'exister pour d'autres, je vis en eux. Ainsi je suis délivré d'être encerclé en moi-même, réduit à moi — et au lieu de douleur.

L'hospitalité : j'ai été admirablement reçu, entouré, soigné.

L'écoute.

Le téléphone est sous ma main. Il suffit de le décrocher, de faire quelques chiffres : quelqu'un décroche, m'entend, à qui je peux parler en toute confiance.

C'est une amie médecin, à qui je dis ce qui m'inquiète, à qui je demande conseil. Je peux l'appeler quand je veux, à toute heure.

Immense sécurité, que ce médecin du « for interne », en quelque sorte, conseil confidentiel et privé en face de l'énorme machine de soins qu'est l'hôpital. Ecoute sans jugement : elle ne se moque pas de mes craintes, elle me prend comme je suis. Ecoute qui parle ! car elle ne craint pas de réagir à mes propos, de conseiller, de conforter.

Ce sont là des biens précieux, qui rendent supportable le passage dans le noir.

Cette amitié que j'ai reçue, j'essaierai de la donner. A ma façon, à ma mesure.

Mais je juge assez sévèrement certaines négligences que j'ai eues.

7. Jusqu'où un être humain peut-il avoir maîtrise de lui-même ? Qui peut le savoir ? Qui peut prétendre le savoir ?

Jusqu'où peut-il dominer son angoisse, la repousser dans son coin, lui faire face ? Qu'est-ce qui fait qu'un homme ne peut plus, qu'il craque, qu'il fond comme un enfant, qu'il perd sa dignité ?

Et son angoisse suinte de lui, elle rayonne, elle diffuse. Elle rend les autres anxieux, irrités, froidement hostiles.

8. Ma dignité n'est pas mon courage ou ma force. Ma dignité, c'est de ne pas me résigner.

Oh, comme je suis privé et manquant de ce que je croyais avoir ! Du niveau que je croyais atteint ! De l'équilibre que je croyais établi !

Je plie sous le vent noir. Passage à vide, lacs d'amertume, tristesse qui remonte des fonds oubliés, goût d'enfance meurtrie qui remonte en la bouche.

Pas de honte de ce que je subis. Même de manquer de courage. Ceux qui ont du courage ont bien de la chance !

Il y a des hauts et des bas. Je ne maîtrise pas ce mouvement de houle.

Ma dignité, c'est de ne pas redoubler ce que j'éprouve, de ne pas m'en faire complice, de ne pas m'en servir à des fins tortueuses. Mais l'éprouver ou pas — je n'y puis rien.

Il faut commencer par s'accepter comme on est. Sinon, que peut-on faire ? On est à côté de soi-même.

9. « Détendez-vous. Décontractez-vous. Prenez-vous en charge. Un peu de courage. Il y a pire que vous. »

Les bons apôtres — ils supposent le problème résolu. C'est comme de dire : « Si vous étiez plus calme, vous seriez plus tranquille. » Quant au courage — oui, bienheureux ceux qui ont la chance d'être courageux ! C'est un don comme de chanter juste ou de courir vite.

Taisez-vous, vous ne savez pas ce que c'est — moralistes insupportables, toujours à croire, ou faire semblant, que la volonté peut tout.

La volonté peut, en effet, mais dans les limites qui lui sont accordées. Et nul n'est maître de ces limites.

Nul ne peut, par exemple, être sûr de ne pas crier quand on lui fera *ça*.

Il est insupportable de s'entendre expliquer qu'on ne devrait pas être comme on est, pas sentir ce qu'on sent, pas souffrir ce qu'on souffre.

Honnêtement, je dois dire que je n'ai pas trop

subi ce genre d'aide intolérable. Mais si peu que ce soit, on en perçoit, furieusement, le caractère injuste et imbécile.

10. J'irai vers l'autre volonté.

La première volonté est raide et raidie par l'effort. Bien utile quand il s'agit de forcer le passage. Mais complètement impuissante pour tenir le cap, quand on est englouti dans la faiblesse.

L'autre volonté est douce, elle est tout habitée de la divine douceur. Elle veut sans vouloir, elle laisse aller, elle accepte la lassitude, elle ne se raidit pas contre l'inévitable. Mais elle tient le cap, imperturbable, elle maintient l'adhésion secrète à la vie, à l'amour, aux choses bonnes, à ce qui va venir et qu'il faudra vivre et vivre bien.

Cette volonté-là est toute grâce.

11. Je voudrais bien, je voudrais bien de cette traversée avoir gagné au moins ça : d'avoir perdu le goût des choses vaines.

Il est vrai que, dans le corps éprouvé et dolent, plus grand-chose ne tient le coup ni ne vaut la peine. Car le corps touche l'esprit, figurez-vous ; la douleur nettoie sans pitié. Et même si la mort n'est pas prochaine, elle fait signe.

On risque d'oublier. On risque d'être repris par le train des choses, par l'imbécile encombrement qui caractérise si fort notre genre de vie, notre société. Tout y cancérise. Tout y prolifère de façon finalement chaotique et destructrice.

Je voudrais ne pas oublier.

Comme il fond, tout le discours *sur* les discours à la mode, comme elles pâlissent, toutes les dissertations !

Mort de l'artifice. Vanité de tant d'activités.

Tout va vers le simple. Le désir vient de se réduire — bienheureuse réduction ! — à ce qui « tient le coup » dans cette région de détresse.

12. Gratitude envers les médecins.
On pourrait n'y pas songer,

1. parce que c'est leur travail et qu'ils sont payés pour ça ;
2. parce qu'il arrive qu'on ait à se plaindre d'eux (pas toujours, hélas, sans motif, mais il est vrai *aussi* qu'on leur demande l'impossible).

Gratitude envers tous les soignants. Même les médiocres : ils font sans doute ce qu'ils peuvent.

On s'en porte mieux qu'à toujours geindre et se méfier.

Mais — toujours mais — il est vrai aussi qu'il faut se méfier.

4
En traversant

1. Les douleurs extrêmes, comment en parler ?

La térébrante, la chaotique, l'infernale. (L'infernale, c'est la douleur de l'âme, celle qui peut laisser le corps intact, mais qui torture à fond, dans l'angoisse, la mélancolie, le délire — et dans la sortie du délire, le retour terrifiant dans le réel insoutenable.)

Ces douleurs-là sont d'un autre ordre et la dernière d'un autre ordre encore que toutes les autres.

Frontière terrible : au-delà, l'inhumain.

De quoi te plains-tu, toi qui restes encore de ce côté-ci ?

Il y a les douleurs qui vont vers la mort. Et ceux qui les subissent le savent ou ne le savent pas. Dans les deux cas, quelle détresse !

Il y a les infirmités à vie ; les paralysés définitifs, les aveugles incurables, les sourds, les mal-nés.

Elle revient sur moi, la pensée effrayante : ce que je souffre n'est rien à côté d'autres souffrances.

Comment font-ils ? Comment font-ils pour supporter ?

Comment fait tel ou telle pour vivre, et s'intéresser, et me demander de mes nouvelles et se réjouir si je vais mieux ?

J'admire. Vraiment, je les salue avec respect et admiration.

Mais je n'ai aucun mépris pour ceux que l'atroce replie sur eux-mêmes, qui sont tout entiers occupés de leur souffrance et de leur peur. Qui suis-je pour les juger ? Seul a le droit de parler celui qui les soigne efficacement ; sinon, le silence, et l'aide qu'on peut, malgré tout, donner.

Car la divine douceur est respect. Elle ne juge pas.

Il y a les bourgeois et les prolétaires, les intellectuels et les manuels, les développés et les sous-développés, les blancs et les colorés, etc. etc. etc.

Et il y a : les bien-portants et les malades. Et je crois que c'est une séparation fondamentale.

Et parmi les malades, il y a ceux qui ne font que passer en ce triste état et il y a ceux qui y demeurent, tout ce qui leur reste de vie, jusqu'à leur mort. Et c'est encore une séparation fondamentale.

Les bien-portants l'oublient. Et cet oubli est

impitoyable pour les autres, les blessés, les dolents, les incapables, les fatigués.

Le bien-portant pense que l'expérience de « l'autre » ne le concerne pas. Or, il y passera, il y a de fortes chances : il y viendra en sa vieillesse — cette maladie entre toutes incurable. Et — la maladie révèle quelque chose d'une vérité essentielle. Elle révèle, je crois, ce qu'il en est de la santé, la grande santé, la très essentielle.
Cette très essentielle santé est celle que la maladie n'atteint pas. C'est la vraie grande santé de l'âme, qui demeure même dans la défaite du corps. C'est la santé qui communie à la divine douceur, qui jusqu'en l'ombre de la mort aime toutes choses, loue la création, écoute toute parole humaine, aime la vie.
Or, c'est cette santé-là qui est essentielle au bien-portant, pour qu'il ne soit pas dévoré par les illusions, par le cancer de la préoccupation vaine.
Puisse-t-il s'y tenir, sans qu'il lui soit nécessaire de trop souffrir !
Car ce qui importe est d'aller vers le simple, et vivre de ce qui est vivant, et laisser mourir ce qui est mort.

2. La fatigue devient comme le fond de l'être. Même le plaisir en pâtit. On est sans ressources ; pas de goût ; pas ce bon retour de désir et de force que ménage la bonne fatigue des gens sains. La lassitude est devenue la couleur du monde.

Elle sépare, impitoyablement, de tous ceux qui ont encore le pas vif. Elle traîne les pieds. Elle pense mal et trop lentement. Elle cherche ses mots, elle n'en a plus. Elle s'irrite de tout, sans même avoir la force de la colère. C'est un agacement misérable.

On la goûte quelquefois, quand la maladie accable. On la ressent avec terreur. Bienheureux moment quand la vie revient, quand le flux mystérieux redonne du goût aux choses, et de l'appétit, et l'envie d'action, et la joie de retrouver ses semblables.

Car la grande fatigue enlève même ça, même le goût de l'amitié. On se tourne contre le mur, on préfère le repos amer de la solitude, on n'a plus la force d'être en face de quelqu'un.

3. Je ne suis pas vertueux. Je ne suis pas ascète. Je ne suis pas un saint.

Je connais — un peu — mes ombres.

Je sens la douleur des autres, par compassion. Mais je sens la mienne directement et davantage. On se fait tout de même centre du monde, n'est-ce pas ? Et quand on souffre, on tire tout à soi. On n'a plus beaucoup de place, en soi-même, pour autrui. On s'éloigne.

Il a été dit : toute la loi, c'est : faites aux autres ce que vous voulez qu'ils vous fassent, soyez pour eux ce que vous désirez qu'ils soient pour vous.

Et encore : ne jugez pas et vous ne serez pas

jugés. Car la divine perfection est de faire briller le soleil sur les bons et sur les méchants et pleuvoir la pluie sur les justes et sur les injustes.

Eh bien, précisément, ce que je veux que les autres fassent pour moi, c'est de ne pas me juger. C'est-à-dire : me prendre comme je suis, m'accepter, croire en moi, espérer en moi, me prendre par le meilleur, pardonner, pardonner d'avance mes manquements, erreurs et défaillances. Je veux (comme tout un chacun je pense) être respecté, considéré, écouté ; je veux qu'on m'aime ; j'attends qu'on me donne ma chance, les moyens de donner ma mesure, et qu'on apprécie ce que j'ai fait et qu'on m'encourage ; qu'on tienne en grande estime ce que j'ai de bon et pour peu de chose ce que j'ai de mauvais (car mon bon côté est mon bon côté, mon mauvais côté est seulement l'envers du bon).

Et qu'on respecte mes secrets.

Et qu'on ne me traite jamais en inférieur, même si l'on a quelque fonction au-dessus de moi.

Eh bien, voilà ce que j'essaierai de donner aux autres.

Ce sera le chemin de ma perfection.

4. Ceux qui viennent me voir me font plaisir. Ceux qui ne viennent pas me voir ne me font pas déplaisir. N'ont-ils pas leurs charges, leur travail ? Moi-même, n'ai-je pas laissé sans visite des amis, des gens qui sans doute m'espéraient ?

Quelqu'un vient me voir, dont je sais la douleur inhumaine — il vit dedans.

Il a pris le temps de venir me voir. Il me parle. Il est venu pour moi.

Il m'apporte (car, dit-il, on apporte quelque chose aux malades) un texte qu'il veut me lire. Jean de la Croix. Il y est dit que c'est lorsque le Fils de l'homme n'est plus rien que se manifeste en lui l'union parfaite, que c'est dans le vide de la Croix et l'absolue déréliction que s'accomplit son unité avec son Père et tous les humains.

Etrange consolation. Elle creuse à fond le lieu et le moment où je suis.

Quelqu'un, sans monter à ma chambre, m'apporte des fruits très beaux et coûteux, avec une lettre...

Mon voisin est un Algérien de 76 ans, qu'on vient d'opérer de la prostate. Il a longtemps vécu et travaillé en France. Il parle un français un peu laborieux. Il me tutoie.

On s'entend bien.

Tout nous sépare : la religion, la culture (comme on dit), le genre de vie, les préoccupations...

On se parle. De quoi ? Du temps, de la chaleur, du personnel soignant — il y a, surtout la nuit, des différences, des très gentils et des vraiment très déplaisants. On parle de la nourriture. On échange des fruits (je lui offre des gâteaux, mais il ne peut pas accepter, il est diabétique). On parle du grand sujet : l'urine. La sienne est, plusieurs jours, pleine de sang. Et il faut pisser : c'est la grande affaire. Et pour pisser, il faut boire, même quand on n'en a pas envie !

Voilà nos sujets de conversation : peu élevés.

J'ai été le prochain de cet homme et il a été mon prochain.

Beaucoup plus que d'autres avec qui nous parlions mystique ou philosophie.

5. La divine douceur est sobre et discrète. Elle ne disserte pas sur elle-même. Elle ne prend pas les idées pour les actes. Elle ne se perd pas dans les hauteurs.

Elle va du corps au corps, par le regard, la main, la simple présence, l'écoute bienveillante et heureuse. Elle se réjouit de celui qui est proche, sans rien exiger de lui. Elle échange sans chercher profit. Elle donne sans rien attendre en retour.

Elle est l'humanité naïve et simple. Elle peut se passer de tout, même de mots.

Elle donne à l'homme de se supporter lui-même dans la traversée quelquefois terrible de la vie.

5
La mort

1. Dans l'expérience de la maladie, la mort n'est pas du tout là comme une idée de la mort, représentation, imagination, souci. Cela peut arriver, bien sûr, mais ce n'est pas premier.

La mort est *en action*. Même si après ça se répare, plus ou moins bien, l'intégrité est atteinte, il y a coupure, blessure, panne, disfonctionnement. Même le soin agresse : la chirurgie, bien sûr, mais aussi la chimie.

Il y a des morceaux de mort qui entrent dans le corps vivant.

A supposer qu'il n'y ait pas (en principe) de risque mortel, on est pourtant à l'ombre de la mort.

Si donc vient une pensée qui va de ce côté-là, elle est autre que celle du bien-portant : la mort, elle est commencée. Et si l'on n'est plus tout jeune... « On descend l'escalier », me dit au téléphone un vieil ami !

On est en face du tout de sa propre vie. Je veux dire qu'on songe : voilà ce qu'aura été ma vie. Même s'il y a une suite, un prolongement (ah, comme j'essaierai de bien le vivre), déjà ma vie est faite en sa grande part, elle est passée. Oui, j'aurai été *cela*.

2. Tout ce qu'on a raté, tous les virages manqués, toutes les situations qui se sont installées, impossibles à redresser ensuite, et qui font la logique terrible d'une vie !

Et tout ce qui aurait pu aller tellement mieux si — si la lourdeur, la stupidité, l'imbécile cruauté des humains n'avaient rendu difficile et douloureux ce qui ne demandait qu'à s'épanouir au joyeux soleil de justice !

Oh, le poids mortel des nécessités qui n'en sont pas ! Des évidences qui, dix ans, vingt ans après, sont condamnées au nom d'évidences plus récentes et contraires ! Mais entre-temps, les premières vous ont écrasé, au nom de votre propre bien.

Et qu'est-ce que valent les évidences d'aujourd'hui ?

Incroyable légèreté des gens importants. Incroyable incompétence des experts. Incroyable cruauté des âmes généreuses. Inimaginable paresse des gens en place.

Après coup, le soir venant, amertume.

Que la divine douceur me garde de l'amertume ! Car c'est un mal perfide et redoutable.

Mais comment ?

Qu'elle me donne d'accepter, de ratifier ma propre vie. Non point : prétendre justifier ce que j'ai été — il y a, Dieu sait, de l'injustifiable. Et il est hors de mon pouvoir de me juger. Mais si j'entre, maintenant, maintenant en cette divine douceur, alors toutes choses miennes peuvent prendre en elle une autre vérité. Sans preuve et sans argument, mais simplement parce que si maintenant j'en viens à aimer sans menace et sans regret, alors cela même qui a été ratage de l'amour, par ma faute ou sans ma faute, donne à cet amour maintenant son éclat incomparable.

Puisque cet amour est plus puissant.

Que cela me soit donné en ma mort.

J'ai connu une femme dont la vie avait été, selon tous critères raisonnables, un échec atroce, et qui est morte en cette lumière-là.

C'est pourquoi j'ai parlé d'éclat incomparable ; me souvenant d'elle.

3. Le juste, en l'ancien Israël, espère vivre longtemps, mourir comblé d'années, entouré de fils et de filles vigoureux et sages, où il se prolongera. Alors il peut mourir en paix, il a eu sa part du bon-

heur que dispense, à ses chétives créatures, le Très Haut.

La mort est effacée par la sagesse du Grec, méditant sur l'un et l'éternel. Il est immortel, non en sa misérable chair, mais comme pensée ; ou par retour à l'ordre immuable du tout. L'horreur de la mort se défait par le renoncement nécessaire à la prétention du moi : ce qui de nous est plus grand que nous demeure.

Là-bas, en Orient, l'être se réincarne, jusqu'au moment bienheureux où, libre du monde de l'apparence, il rejoint l'éternel en lui-même.

Nous, nous avons appris quelque chose d'assez terrible, nous avons appris à vivre en vue d'une éternité singulière, où notre chair, paraît-il, resurgirait. Même quand cette foi est morte, il en reste l'imprudence du désir, l'ambition folle, en chacun, de tenir la vie au-delà de la mort, fût-ce par l'intensité de la jouissance ou de la réussite — hors mesure.

C'est pourquoi nous nions la mort. Et c'est pourquoi, peut-être, elle occupe secrètement tout.

4. Les enfants savent qu'il y a le jeu et autre chose. Les adultes croient être à la chose sérieuse et ils ne font que jouer. Mais cette confusion fait passer le jeu dans la réalité, où il devient délire et meurtre.

Ils jouent, pour dépenser l'énergie qui les dévore et tromper l'attente de la mort. Les affaires, la politique, le sentiment, les plaisirs : des jeux.

Même la pensée. Même la philosophie et la religion.

Face à la mort, je veux dire à son imminence, à sa présence commencée, reconnue, toutes ces constructions s'en vont comme châteaux de cartes.

5. La mort — alors tout s'effacera pour moi ? Plus de monde ? Plus rien ? Inimaginable.

Et tous ceux que j'aime et qui m'aiment, ils s'éloigneront sans retour ?

Inimaginable, et pourtant : l'expérience d'une anesthésie, par exemple. Je suis dans le « bloc » (opératoire), seul, sur le chariot. La « table » à côté de moi. Je revois la pièce. Et puis — plus rien. Aucun souvenir d'une piqûre ou de quoi que ce soit.

J'aurais pu ne pas me réveiller. Ça s'est vu. Ça se voit pour des opérations plus risquées. La mort — ça ? Mais alors, il ne se serait rien passé ? J'arrive là inquiet mais confiant et — *out*, fini.

Oh !

La mort est impensable. Prévoir — quel sens ?

6. Je ne sais pas. Personne ne sait rien de sa mort. Tout ce que je peux faire en attendant, c'est de ne pas haïr la vie qui m'est donnée.

Ce que je peux faire, c'est me délivrer des choses vaines, c'est mourir à la vanité, tout ce vide et ce creux qui emplissent, bouchent, cimentent (si étrange que ce soit pour la logique).

Ce que je peux, c'est aller de tout mon cœur et de la vie qui me reste à ce qui — oh ! oui, je le dis ! — à ce qui mystérieusement ne meurt pas. Parce que même si tout ce que j'en touche est mortel, pourtant y *demeure* ce qui n'est pas simplement pour la mort.

La pensée ? Vieux songe des hommes.

Je crois, plus humblement : ce que je nomme divine douceur et qui, pour la pensée même, est source.

7. Je ne suis pas sûr que la bonne façon soit de méditer sur la mort. Ou encore : de déprécier à fond le périssable, à commencer par notre corps, pour s'installer d'avance sur la rive de l'éternité.

Ou, à défaut, de se délier du désir et de l'angoisse et s'abandonner froidement à la marche impitoyable du monde. (Mais c'est encore une façon, hors d'espoir, de se jeter dans l'éternel).

Je n'aime pas cette devise lue sur le mur d'un cloître (et que j'ai déjà citée je ne sais plus où) : « Le plaisir de mourir sans peine vaut bien la peine de vivre sans plaisir. »

Je n'apprécie pas l'amour de la mort, même quand il se donne de bons motifs.

La mort : je ne sais pas ce que c'est. Je ne sais pas ce que j'en pense, puisque je ne sais pas ce que c'est.

Mais la mort dans la vie — oui, je sais ce que c'est.

8. J'aime la vie, la bonne vie, la pleine santé, les amis avec qui parler, avec qui vivre de bons moments, l'amour qu'on me donne et que je donne. J'aime la bonne nourriture, les joies de l'esprit, le voyage, la maison, le soleil et la pluie. J'aime ce monde et toute créature.

J'aime l'homme, les humains, l'homme et la femme, et la tendresse et le charme et la douceur de la femme, et sa puissance maternelle et son art de nourrir, soigner, conforter ; et son amour.

J'aime le spectacle, ce qui distraie, ce qui amuse. Et le bon travail, et la création, et l'œuvre. Et que l'œuvre que je fais soit connue, appréciée, reconnue. Et qu'elle agisse et — oui ! — qu'elle fasse du bien.

J'aime qu'on m'aime.

Il ne me plaît guère, il ne me plaît pas qu'on me parle de frustration (la version psy), de renoncement et mortification (la version pieuse), de dépassement de soi (la version morale).

Je déteste la souffrance et la mort.

Si je prétendais le contraire, je serais un hypocrite.

9. L'au-delà de la mort a fait les délices de l'imaginaire et les délices de la spéculation.

Nous sommes en un temps où tout ça est tombé. Les croyants eux-mêmes y croient parce que ça fait partie de leur foi, mais il ne faut peut-être pas trop les presser là-dessus. Je les soupçonne, assez souvent, de ne pas réellement y *penser*.

Peut-être sommes-nous, en cette affaire-là, réduits très durement au simple. A ce qui ne se possède point, ne se rêve point, ne se sait point. A ce qui est simplement donné, sans qu'on puisse du tout le prendre. A ce qui échappe quand on veut le saisir. A ce qui devient noir et vide quand on veut le voir. C'est quelque chose seulement pour l'écoute et l'amour.

Je crois qu'au cœur de la divine douceur, il y a le goût d'éternité. Mais ne le cherchez pas ! Ne pensez rien ! C'est subtil, léger, impalpable.

La porte d'éternité ! Invisible à qui n'est pas tourné par là. Dérisoire à toute fausse grandeur.

Qu'avons-nous ici et maintenant qui soit impérissable ? Agapê, la divine tendresse, et rien d'autre, car tout passera, sauf elle : voilà ce que répondait le vieux texte.

Les gens les plus forts que j'ai connus, les plus critiques, les plus intraitables à l'illusion étaient comme de plain-pied avec l'éternel en eux. Il leur arrivait de railler durement ces rêveurs — nos contemporains — qui s'imaginent que le réel c'est l'espace-temps qu'ils ont construit et où ils se sont enfermés.

10. Qu'est-ce qui permet à l'homme d'être seul ?

C'est qu'en son origine il ne le soit pas. En ce point d'origine qui demeure en lui, le tenant vif.

Il n'est pas nécessaire qu'il y songe, même pas qu'il le sache. Mais il faut que là, en ce point, il y ait la présence qui lui donne le monde et la parole.

Sinon, il est déchiqueté dans l'horreur.

Tant que l'homme peut dire, tant qu'il a la force de parler, tant que les mots viennent — et qu'il y a quelqu'un pour l'entendre — il demeure encore parmi les humains.

Tant qu'il peut faire un geste — même du fond de ce qui apparaît coma, même quand au regard pressé il n'est plus qu'un « légume » — tant qu'il peut, si peu que ce soit, être à quelqu'un d'autre comme parole — il est parmi nous, les humains.

Et jamais, au grand jamais, vous ne pouvez décréter qu'il n'en est plus là — même le plus fou et le plus abîmé.

C'est là ce genre de chose que sait la divine douceur ; c'est son genre de savoir.

Il n'est pas dans les livres. C'est pourquoi je ne puis qu'en témoigner.

11. La divine douceur n'est pas naturelle. Elle ne va pas de soi. Elle ne relève pas de la banalité ordinaire.

Elle paraît même impossible, tout à fait contraire à l'ordre du monde. Comment s'accorderaitelle avec toute la violence, la cruauté, la rage de destruction, la volonté de vaincre, soumettre, exploiter, avilir, réduire, exclure, qui semblent les ingrédients nécessaires d'une humanité possible ?

L'ordre physique, l'ordre animal ignorent la divine douceur !

Et pourtant, dès que parue, dès que goûtée, elle paraît nécessaire, et toute simple, et comme plus qu'évidente.

Aussi forte que la naissance : quand vient à l'enfant le moment de naître, il lui faut sortir du ventre et venir au monde. Si impossible que soit la divine douceur, elle naît, il le faut.

Elle est comme l'huile de la vie, qui répare, soigne, rend mobile. Elle est l'onction.

Elle enlève l'âcreté épouvantable de cette violence humaine, que la bête ne connaît point, et qui se complaît au meurtre.

Voilà son grand paradoxe : qu'elle soit si naturelle à ce qui est humain et qu'elle ne soit pas naturelle du tout.

Voilà encore qui empêche de la confondre avec la niaiserie et la mollesse : il faut bien qu'elle passe le plus dur, qu'elle soit plus forte que la violence.

Ce n'est pas hasard si j'en parle (même si mon expérience est bien modeste) à partir de la douleur.

12. Par instants, et comme hors de vue, cette perception, cet étrange toucher : oui, la divine tendresse est le lieu premier, avant le commencement du monde, l'inaccessible au-delà de l'inaccessible

qui est, ici et maintenant, dans nos mains, nos visages et nos voix, en tout notre corps donné, innocence par-delà la mort.

Et — tout est dit.
Mais c'est par instants et comme hors de vue.

II

6
Le sursis

1. Donc, je suis en sursis.

Nous le sommes tous.

Mais maintenant, c'est un peu plus clair : l'âge, et ce qui vient d'arriver.

Combien d'années ? Combien d'années — utilisables ?

Désir d'en tirer le meilleur. Désir de vivre bien — oh ! oui !

Sans hâte, oh surtout sans hâte, sans précipitation, sans volonté de tenir tout. Mais sans gâcher le temps — ô richesse plus que toute richesse, trésor qui, bien plus que l'argent, peut se changer en tout ! Mais qui se dépense, minute à minute, irrésistiblement.

S'il se peut, la paix intérieure. La grande paix

créatrice, toujours à l'œuvre, toujours en gésine, sans éclat, sans rage de produire, sans découragement. A elle-même sa propre loi. Amour sans les colifichets de l'amour, amour tellement puissant et aimant que les amateurs d'amour ne le voient pas.

Voilà ce que je demande.

2. Tourne-toi vers la vie, camarade, puisqu'on t'en donne encore un bout. Et fais ce que tu peux.

3. Immense désir de vivre !

Il y a bien longtemps, bien longtemps j'écrivais : ce qui est premier, c'est de préférer la vie à la mort.

Mais il y a quelque chose qui précède encore ce choix : c'est la divine douceur elle-même.

Car elle n'est ni à moi ni à toi, elle n'est pas d'abord mon choix ou le tien, elle n'est pas nous, réunis par ce qui nous occupe ou ce qui nous tient, elle n'est pas ici, elle n'est pas là, elle est comme l'air que nous respirons, l'eau qui nous vivifie, la terre que nous habitons, la chaleur de la vie. Elle est entre nous et nul ne peut la prendre. Nous venons d'elle, elle est la primitive demeure de la parole humaine, elle est le sel de toute nourriture du corps et de l'âme. Et pourtant elle est loin de nous, elle vit dans les lointains les plus lointains, sa vérité est hors du monde, dire qu'elle est notre but, c'est encore la rapprocher abusivement.

J'aime la divine douceur.

7
La part secrète

1. Pour ce que je vais dire, il faut la plus extrême pudeur. Il faut fermer sur soi la porte de sa chambre et se tenir dans le secret.

    La sagesse me conseille de me taire.
    Tant de malheurs ont sévi par là ! Ce qui devait réunir sépare. Ce qui devait réjouir attriste. Ce qui devait rendre libre enferme dans le labyrinthe. Le pire est arrivé, là où devait régner la lumière.
    Je parlerai aussi simplement que je pourrai.

    Aussi bien, c'est moi, c'est ma façon d'être, je n'impose rien.
    Et si je pense que c'est bon à tout homme, c'est par des chemins qui n'ont rien à voir avec la

prétention d'imposer ou même de convaincre. C'est par des chemins que je ne connais pas. Toute la lumière que je peux attendre me donnera seulement de laisser libre.

2. Ce que j'écris ici est dans la prière : c'est ainsi que je l'ai vu, en un moment, et j'espère que cela demeure.

Tout me sera prière, je veux dire : en tout je puis me tourner vers — et je ne dis point vers qui ou vers quoi, car ce n'est pas à moi de le savoir.
Le Nom n'est pas de ma fabrication.

J'offrirai ce silence en moi, qui m'est à peu près inaccessible, tant il y a par-dessus de bruit, d'agitation, de discours éparpillés en tous sens, de soucis entrecroisés.

J'essaierai d'entendre en moi cette parole nue que je pourrais dire, si seulement j'étais délivré de ce qui m'encombre et si j'étais tout à fait lavé de toute peur.

3. Ce qui m'est donné d'amitié, ce qui m'est donné de la force de vivre, ce don-là, je ne puis le saisir.

La source, je ne la connais pas. Elle n'est pas sur mes terres, elle n'est pas dans mon jardin, elle n'est pas mon bien.

Je ne sais pas ce que c'est.
Je ne l'ai pas sous la main.

4. Si le mot Dieu ne vous va pas, eh bien ! c'est que vous n'êtes pas de ce langage. Il peut y avoir beaucoup de raisons pour ça, des mauvaises et des bonnes !

Ce qui importe en vérité n'est pas le langage dont vous usez, c'est que vous parliez juste.

Si la question de Dieu vous indiffère ou vous agace, eh bien ! c'est peut-être que Dieu pour vous est hors des questions — et de la dispute. C'est peut-être que vous savez ou pressentez que si le mot Dieu peut avoir un sens, c'est d'ailleurs.

5. Leur Dieu fut le Dieu de la dispute. Il était *objet* de querelle entre les humains. Ils le tiraient chacun de leur côté, ils se l'arrachaient, ils le déchiraient.

Ainsi l'ont-ils rendu odieux et ridicule.

Dieu rival de l'homme, Dieu qu'on veut exalter en réduisant l'homme. Et, dans l'homme anéanti, Dieu rayonne enfin de toute sa gloire.

Ils ont entendu de travers la parole extrême où Dieu venait en l'homme entièrement pour que l'homme soit élevé en Dieu. Ils l'ont même entendue à l'envers, en sorte que Dieu s'opposait si violemment à l'homme que le seul salut de l'homme était de se détruire pour Dieu.

Et maintenant je dis, et c'est pour moi capital : Dieu n'est pas le Dieu de la dispute, il n'est pas pris d'avance dans nos séparations.

Il est ailleurs, il est le grand Ailleurs de ce lieu attristant de nos guerres.

Oh, certes, si Dieu — alors le pour et le contre, le oui et le non. Mais ailleurs, en une crise et un clivage que nous n'imaginons pas. Car il sépare l'amour, l'amour absolu, de tout le reste.

6. Dieu est avant toute question.

Dieu *c'est quand* je vais le plus loin possible sans désespérer ; et quand je laisse être ce qui est au-delà du plus lointain, comme la source bénéfique qui ne cesse pas en l'origine.

Dieu *c'est quand* la divine douceur vient à moi, sans que je la refuse et la méconnaisse.

Dieu est n'importe où, n'importe quand, à propos de n'importe quoi, *quand* se fait en l'homme la primitive ouverture, parce qu'il cesse de tuer, dans son envie féroce de tout prendre.

Alors Dieu commence par-delà tout savoir ou tout nom, y compris les noms usés et malheureux que nous donnons à Dieu.

C'est pourquoi nous parlerons de choses humaines : de chemins à travers le désert ou la forêt, de demeures où nous pouvons vivre, de paroles qui nous tirent du sommeil de la mort, du juste que ne contamine pas l'injustice.

Ce qui est humainement divin, c'est ce que

nous imaginons et concevons de plus élevé, de plus raréfié, de plus épuisant dans les hauteurs.

Ce qui est divinement divin, c'est l'humain quand il est pur de la mort.

C'est pourquoi la douceur divine est la plus humaine, la plus tendrement humaine, la plus proche, la plus attentive, la plus libre de tout jugement et de toute arrière-pensée.

Ce qui est divinement divin, c'est la divine douceur quand elle coule sur nos faces épuisées.

7. Dieu, c'est le plus humain de l'homme. C'est pourquoi l'image de Dieu est l'homme enfin totalement démuni de ses défenses contre l'homme, non par faiblesse, mais parce qu'il est le don même, le principe vivant de la divine douceur, et que même dans l'écrasement il ne dévie pas d'une ligne de cette justice.

C'est pourquoi, dans cette faiblesse, il s'élève au-dessus de ces hauteurs où nous avons mis Dieu, pour ensuite l'en déloger à notre profit.

Le plus humain de l'homme n'est pas réduit à l'homme, c'est justement le contraire : c'est ce qui en l'homme témoigne qu'il n'est pas contraint à se faire prison de lui-même.

8. La peur des figures, la peur de l'imaginaire est signe qu'on n'est pas encore tout à fait pur. L'homme pur ne craint même pas d'imaginer l'au-

delà. Il sait qu'en Dieu tout est Dieu ; mais qu'il ne peut se tourner vers Lui qu'à façon humaine. Le rêve d'un ciel en images et la plus haute mystique spéculative : tout proches et semblables, par rapport à l'Au-dessus de tout nom.

Car ce qui importe — et l'on peut le redire puisque nous l'oublions sans cesse — c'est seulement de ne point fermer la main sur notre humaine façon d'être là ; c'est seulement de garder la main ouverte, le cœur libre et d'avancer, au jour le jour, selon le souffle où nous respirons.

Et cette façon d'être est la même, exactement la même que celle que la divine douceur instaure entre les humains. C'est pourquoi il n'y a pas un « problème de Dieu » et un « problème de l'homme » ; ou ce qui concerne Dieu et ce qui concerne l'homme. Car c'est tout un.

Le lien et le lieu de cette unité est ce que je nomme divine douceur (et que vous pouvez nommer autrement). En sorte qu'être au prochain selon notre mesure de divine douceur et être tourné vers l'inaccessible en son lieu inaccessible (comme dit Jean Chrysostome) c'est encore tout un. Non point deux choses compatibles, ou dont l'une entraînerait l'autre, mais la même et unique.

Qui atteint en lui cette unité est délivré de notre misère essentielle, il est libre — divinement, par-delà toutes fureurs et douleurs.

Oui, oui — la divine douceur est l'unité mystérieuse, insaisissable et pourtant goûtée, donnée et goûtée de ce qui est par-delà tout ce que nous désignons par Dieu et de ce qui est plus profondément et vraiment nous-mêmes que tout ce que nous imaginons et concevons de l'homme.

Paisible demeure souveraine !

9. O poème perdu ! O visage enfoui sous les montagnes de cendre !

Voici l'homme.
Celui qui le connaît ne le connaît pas, celui qui ne le connaît pas le connaît.
Car il vient de biais, il vient de la porte inaperçue, du grand ailleurs, du côté toujours inouï de l'existence humaine.

L'entendre est toujours entendre au fond de soi le plus caché, par-delà les sombres réseaux du désir ; c'est être, incroyablement, dans ce tréfond devenu lumière par le feu de la parole. L'entendre coïncide avec ce qui nous est le plus intime, le plus personnel, le plus propre, et qui est cette parole en nous commençante, aurore d'une communion universelle.

10. Sers-toi de ce que tu peux ! Les mots, les images, les rites, les choses d'autrefois, les rêves, l'anticipation, la libre invention ! Sers-toi de ce qui t'est donné !

Mais ne t'arrête point à ce qui supporte ainsi le mouvement. Mouvement étrangement immobile, puisque tu n'as pas à courir et faire effort, mais seulement à être tourné vers ce qui se donne à travers tes dons.

11. L'Evangile, nous n'en sommes pas propriétaires — dès que nous disons que nous en sommes.

Mais il est notre propriété commune à nous tous, hommes.

L'entrée ! Tout se joue à l'entrée, au premier pas ! Si vous entrez mal, rien ne corrigera ce dévoiement.

A l'entrée se tiennent à peu près toutes les sciences humaines et tous les styles de la réflexion. Ce qu'elles en disent est très intéressant.

Mais il ne serait peut-être pas mauvais d'écouter ce que cette parole elle-même dit de la façon d'y entrer.

Elle dit que c'est l'Esprit.

Mais si j'écoute encore, j'entends que cet Esprit n'est pas idée ou extase : c'est le corps.

Ce corps est au-delà des figures.

Naître et renaître, boire et manger, entendre, voir, toucher : le corps accompli dans l'éternité, l'homme entier par-delà ses terreurs.

L'impossible.

Comment vivre à partir de l'impossible ? Comment entendre l'impossible ?

12. La clé de lecture, la clé d'écoute est sûre et certaine : l'Evangile est la divine douceur elle-même, pure et sans mélange, puissante, pleine, surabondante, le sang vif de la vie directement communiqué, l'eau pure et jaillissante, le grand souffle nouveau qui est l'amour, au principe et sans limite.

Ça, c'est ce qui ne doit *jamais* être ébranlé, amoindri, arrangé, jamais obscurci par les objections et difficultés. Encore moins : contredit.

Demeurer là est demeurer en Lui, en son cœur, par-delà toute pensée, tout savoir, toute volonté, jusque dans les grands marécages de la détresse — simplement cette foi !

Avant même ce que nous nommons prière ! Avant même ce que nous nommons désir !

Et qui coïncide en nous avec l'espérance d'aimer — car prétendre aimer, qui le peut ?

13. Je ne comprends pas, je ne comprends pas, je ne comprends pas les paroles dures qui sont dans l'Evangile.

Elles m'évoquent, pente irrésistible, le Dieu cruel, vindicatif, âpre à abaisser et crucifier l'homme, et sous le manteau de l'amour nécessaire, qu'on ne peut pas éviter — le Dieu pervers.

Et pourtant, impossible de les supprimer ! Arrangement trop commode, où l'on glisse aujourd'hui, après en avoir abusé à fond pour enfoncer la peur qui maintenait la discipline.

Et la clé de lecture ne peut être que la divine douceur.

Qu'indiquent-elles, ces paroles de feu ? O prophètes d'Israël ! Terrible marteau de la prophétie ! Terrible lame !

A chacun est *donné* ce qu'il ne peut pas comprendre — afin de le maintenir éveillé.

14. En vérité, je sais — je sais pourtant — ce que veut dire cette dureté-là.

C'est qu'il faut la séparation, la coupure absolue, entre ce qui est mort et ce qui est vie. Il faut que cela soit dit à l'homme avec la plus intraitable fermeté. Sinon, il est perdu, le chaos l'avale.

Et surtout, surtout, si la parole dit l'amour, si elle est l'amour même. Car la séparation est en l'amour — en ce que nous rêvons tel.

Rien n'est plus dangereux que de prendre à contre sens la divine douceur : c'est la confondre avec la dureté douceâtre, c'est en faire une cruauté différée. La violence n'est pas ôtée, le meurtre continue : mais pas franchement ; mais dans un temps second, après les apparences de l'amour.

Le second état de l'homme est pire que le premier.

Notez : en l'Evangile, ce sont paroles, ce ne sont pas actes de violence. (Même les vendeurs chassés du Temple : il n'y eut ni morts ni blessés.) Et aux deux compagnons qui voulaient faire tomber le feu du Ciel sur la ville rétive : « Vous ne savez pas de quel Esprit vous êtes [1]. »

La parole violente peut être l'écorce de la divine douceur : elle la protège contre le pourrissement.

Mais on n'en finit jamais avec ça. On ne finit jamais d'y commencer.

15. Mystérieusement : le visage du Père est le frère, et l'œuvre du frère est maternelle : c'est de donner naissance et nourrir.

16. « Ne jugez pas et vous ne serez pas jugés. » Je ne jugerai pas ceux qui vivent amèrement la fin d'une vie commencée dans le dévouement allègre et qui s'achève, à leurs propres yeux, dans l'échec, la médiocrité, le scepticisme.

Je ne jugerai pas ceux qui ont perdu la foi (comme on dit), ceux qui se sont lassés de l'Eglise, désintéressés du Christ, scandalisés de Dieu.

Et que ceux qui les jugent prennent garde, oh ! qu'ils prennent garde !

Car enfin, est-ce que la raison de leur désespérance n'est pas en nous, en moi ?

Pourquoi, pourquoi, pourquoi ?

N'avons-nous pas creusé le trou dans lequel sombre ce que nous avons cru ?

---

1. Au moins d'après certaines versions.

N'avons-nous pas rendu ridicule, mesquin, odieux ce qui était la grandeur même ? Remplacé la liberté par l'obligatoire, la pensée par l'obligatoire, l'amour par l'obligatoire ? Et toutes les sauces ajoutées ne changent rien au plat.

Mais ce n'est pas de ce côté-là que je veux me tourner désormais.

Vers la lumière. Autant que je puis : la lumière.

Et la grâce. Et l'allégresse.

Laissons glisser le reste dans son néant.

17. De tout ce que j'ai entendu, de tout ce qui est venu jusqu'à moi des paroles anciennes, j'essaierai de retenir en moi la goutte d'eau pure, la vérité toute simple, dont tout le reste n'est qu'habillement et figure.

Je n'essaierai pas de la dire, encore moins de la commenter.

Je la nomme pourtant : divine douceur.

De tout (tout ce que j'ai entendu, tout ce que dit le Livre, tout ce que la tradition retient et maintient), je n'entends que ceci : la divine douceur.

C'est paix et encore paix, apaisement intérieur, certitude qui ne tient qu'en sa source, construction de l'homme encore nouveau au-dedans du corps qui se défait lorsque tout s'en va.

Ceci, je ne le possède point, point du tout. C'est pourquoi je dis : divine douceur, puisque Dieu est ce que je ne saisis pas. Je puis seulement être tourné par là, et attendre, et être prêt, et laisser être, dans cette clarté de nuit, celui qui m'est insaisissable.

Par-dessous mes tourments. Par delà la fatigue ignoble et l'inquiétude tourmentante.

Divine douceur, miel, chaleur, tendresse, pain et lait. Je ne retiens que la douceur. Car l'âpreté n'est bonne qu'à ce qui est dur, et je suis rompu.

L'ineffable invisible nous devient visage et nous parle, par la vérité de cet amour en nous. C'est la ferme douceur, paternelle et maternante : elle veut la vie, elle veut le sain et sauf, elle redresse le tordu, rafraîchit le brûlant, réchauffe le glacé, dénoue le nœud d'angoisse, éveille ce qui est mort.

C'est ce que j'entends d'Ezékiel et de Luc, du Livre des Rois et de Jean l'admirable ; seulement ceci : qu'il nous est bon de faire fond sur la divine douceur.

Je n'offre que ma foi que je ne possède même pas. C'est comme un désir humble, très humble, qui ne veut pas se lasser — comme une toute petite fontaine coulant à bruit léger à travers l'immensité des jours et des déserts.

8
Le fond du malheur

1. Toujours et d'avance est là la divine douceur. Car elle n'est autre que mon être en vérité, elle est ma vraie naissance. Je la *connais* de me connaître, par-delà les pièges où l'on m'a mis et ces barrières que j'appelle « moi ».

Elle est « je » tout pur, dans la joyeuse lumière native. « Je » qui n'est point le seul et le séparé, « je » qui n'est que d'être proche, car il ne vit que de la haute et humble tendresse.

Oh, si tous ceux-là qui sont pris au piège d'avoir à prouver, à atteindre, à mériter, pouvaient le faire fondre à ce feu tranquille ! Feu de la lampe qui tendrement éclaire au cœur de la maison.

2. J'ai évoqué plus haut l'horreur de ce que nous nommons « maladie mentale ».

Où ça commence ? Où ça s'arrête ? Qui peut le dire, hein, camarade ? Chacun d'entre nous connaît des « normaux » qui ne sont pas mal dans l'atroce.

Ce qui est clair, c'est que certains sont en enfer, dans l'abîme de douleur où rien ni personne ne les rejoint.

Ils sont complices, dites-vous. Comment pourraient-ils ne pas l'être ? Ils n'ont pas d'autre place pour exister.

Ils aiment leur malheur : c'est tout ce qu'ils ont. Ils l'aiment — et le haïssent infiniment. Leur être est la déchirure.

Il y a ceux qui désirent en sortir, et tout ce qu'ils arrivent à faire, c'est de serrer les nœuds du filet. Ou bien ils en sortent, ils « guérissent », mais tout ce qu'ils ont fait, c'est transposer un peu plus loin, dans d'autres mots, la pièce infernale où leur rôle est écrit d'avance.

Il y a ceux qui ne désirent pas, parce qu'ils ne se rendent pas compte.

Il y a ceux qui ne désirent plus.

Il ne s'agit pas de les mettre dehors. Ce sont nos frères — et comment !

Nous avons part à ça. Nous avons notre région, ignorée de nous-mêmes, où circulent, gueule âprement ouverte, les fauves.

On ne va pas raconter sa vie, n'est-ce pas ?

L'étalage n'est pas notre humeur. Mais il se peut que nous en connaissions un bout.

3. Qu'est-ce qui a manqué ?

Il faut le dire avec naïveté, avec la nécessaire naïveté : ce qui a manqué, c'est l'amour.

Mais pas n'importe quel amour ! Pas l'amour en général ! Pas celui qui veut se sentir aimant, et faisant le bien, et jouissant de la reconnaissance éperdue qu'il mérite — et qui est prêt à tuer, s'il le faut, à tuer par amour ou par haine, c'est tout un, pour ne rien perdre du plaisir d'aimer.

C'est pourquoi notre naïveté est acquise, éclairée, fine fleur de critique !

Il faut à l'être humain l'amour juste au moment juste. L'amour qui lui donne de s'aimer lui-même, lors même qu'il doit se juger, s'avouer mauvais, renoncer à lui-même ; l'amour qui lui donne *ça*, dont il a précisément besoin maintenant, et qui n'est jamais seulement la chose, mais la chose dans l'amour qui la vivifie et la fait humaine. Que ce soit le lait, le pain, la présence, la parole, l'instruction — ou l'amour même — ou la sévérité nécessaire.

L'amour juste au moment juste !

Et si ça a manqué, alors il faut que de quelque façon, de quelque façon, un jour cela soit donné.

Je crois bien qu'il n'y a pas d'autre remède.

4. Le fond de l'angoisse, c'est qu'on ne peut pas se fier, là où l'homme doit, impérativement, faire confiance. C'est pourquoi l'anxieux est, sans le savoir, le critique absolu du sceptique. Il témoigne que le sceptique fait confiance. Sinon, il tomberait dans le trou.

L'angoisse, c'est qu'on ne peut pas se fier à son propre corps, pas se fier aux autres, pas se fier au monde. Et prenez ça absolument ! Le corps, les autres, le monde peuvent d'un instant à l'autre faillir ; on ne sait même pas s'ils sont là !

L'anxieux porte la charge impossible. Il porte la charge de faire être ce qui devrait d'avance être là pour qu'il lui soit donné de pouvoir être !

C'est pourquoi il est encore, toujours sans le savoir, le critique absolu de toute la prétention du moi, de toutes les philosophies du pur sujet — du grand seul qui d'abord se suffit ! Il montre un peu cruellement ce qu'il en serait, si toutes ces belles pensées devenaient réelles.

Mais le fond du fond de l'angoisse, c'est que ce ou celui ou celle ou ceux qui ont donné vie, ont donné en même temps la non-assurance de ce don même ! Car il a bien fallu que la vie soit donnée. Sinon, ce ne serait pas l'angoisse, mais la mort. Mais c'est une vie donnée comme peur, primitive peur qu'elle manque.

Ainsi l'angoisse est-elle une contradiction qui dépasse toute contradiction logique. Hors dialectique. Hors de tous les agréables jeux de l'esprit et de toute combinaison efficace.

Celui qui défait l'angoisse, c'est celui qui est témoin de l'assurance première. Il ne la donne pas, il en est témoin. Par lui, ou à l'occasion de lui, sans qu'il le sache peut-être, et certainement sans qu'il en ait maîtrisé, s'ouvre à l'anxieux affolé le lieu absolument sans danger.

Alors l'angoisse peut connaître sa vérité. Elle est force. Elle est le cri de la vie dans la vie impossible. Si s'ouvre le « je peux », ce nœud de douleur se défera dans la création.

5. Il me vient quelquefois cette pensée... C'est une pensée dangereuse, extrêmement dangereuse. On peut y trouver prétexte pour camoufler l'illusion, pour se dérober au dur et âpre travail de vérité, lent, interminable, douloureux, qui est, quand il le faut, la seule voie possible.

Et pourtant, je crois bien qu'en son lieu vrai, elle est vraie.

Guérir le mal que nous nommons psychique, c'est très simple : c'est ôter la racine meurtrière, où le don nécessaire coïncide avec son refus, son absence, son opposé ; en sorte qu'il est angoisse, dépression, haine à mort.

Oter cette racine, c'est donner enfin le don pur — l'amour juste au juste moment, quand il arrive que ce moment se représente, par le renouvellement de la blessure (c'est pourquoi la guérison passe sans doute par le mal plus intense ou plus intensément ressenti).

Guérir l'autre souffrant, c'est ça, rien d'autre, rien de plus. A quoi répond, en l'autre, ce mouvement insaisissable, avant toute volonté et toute représentation, où il prend appui sur ce don enfin véritable et remonte hors du trou, jusqu'à la vérité de lui-même.

Pensée dangereuse, oh ! oui ! Car on peut s'imaginer qu'on est maître de cet amour-là ; on peut se croire le pouvoir de le donner — et de le faire recevoir. Pas d'illusion plus redoutable. Elle mène à toutes les folies.

Ainsi, ce que tu peux faire de meilleur à celui qui est aux prises avec le pire, tu n'en es pas maître et tu ne le sais pas.

Garde-toi de « vouloir aimer » ou de « laisser parler ton cœur ».

6. La divine douceur est innocente. Une innocence si profonde qu'elle peut connaître à fond la faute et la chute.

Rien ne l'effraie.

Pas même l'obscure défaillance d'origine, qui travaille hors de vue ce sur quoi l'homme fait fond pour vivre.

Pas même le lien obscur de la douleur et de la faute, l'indémaillable culpabilité qui enferme dans l'insoluble.

Car en elle, la divine douceur, la faute est innocente, elle tombe comme le vieux manteau de misère — elle s'étiole comme la plante empoisonnée que ne nourrit plus l'eau de mort.

Rien ne s'entend de la faute qu'à partir de ce qui est hors d'elle, sain et sauf.

(Les connaisseurs de la Bible le savent, ils le lisent dans le texte. Mais c'est trop peu connu, ou c'est trop souvent un savoir de tête, qui ne descend pas jusqu'au cœur et dans les membres.)

7. La divine douceur est assez forte pour surmonter la haine dans la haine même.

Ainsi je puis accepter de ressentir ce que je ressens — le nier est fausseté, donc impasse — et pourtant, et par là même, traverser.

Je puis connaître ma haine, sans haïr ; ma dépression, sans m'en déprimer ; mon angoisse, sans la redoubler.

La divine douceur prend le poids impossible à porter. Sur ses épaules, il fond.

8. Nul ne peut rien contre la vraie désolation. Elle vient comme le murmure de la mort.

Mais c'est un murmure qui bientôt emplit tout, air et ciel, comme le bruit du tremblement de terre.

Alors, la divine douceur n'est plus du tout de mon pouvoir. Elle se donne si elle veut, c'est le très léger murmure d'amour, c'est la brise venue de la mer, mais qui peut, oui, qui peut faire taire le bruit de la mort.

9. Ne croyez surtout pas que la divine douceur soit mièvre et mesquine, qu'elle s'attarde dans les compassions douteuses, qu'elle fuie le lieu du combat.

Elle est feu.

Quand ce feu touche la mort, la mort brûle. Il nous faut la défendre fortement, elle qui est amour et force, contre ce qui lui ressemble à s'y méprendre et qui est exactement le contraire : la destruction à goût de sucre (la cruauté douceâtre, plus haut nommée), aimer son malheur, geindre — et il est bien vrai qu'il est difficile de renoncer à son malheur, ses misères, sa culpabilité, quand c'est la place qu'on a ! Où irai-je, quand je me serai ôté ça ?

Et l'amère complicité du geignant et du compatissant ! Ils se nourrissent l'un l'autre de leurs déjections, de leur goût pour la mort.

J'ai connu, je connais telle et tel : la femme douce, maternante, le lait de la tendresse — et intraitable ; l'homme parfaitement attentif et écoutant, lieu sûr pour tout malheur — et intraitable.

Oui, séparer la divine douceur de sa caricature affreuse : la fausse compassion qui se nourrit du malheur de l'autre, qui suce son abjection et sa honte. Sans doute pour se consoler du pire qui l'habite.

10. A chacun le don qui est le sien.

Je serais bien incapable de recevoir, nourrir, soigner, comme j'ai été reçu, nourri et soigné.

Faut-il m'en attrister ? Peut-être que ce que je puis donner est différent.

De quel don est-ce que je parle ? Du don que j'ai reçu ou du don que je donne ? Mais c'est le même.

La vérité de chaque homme est par là : en ce don qui est sa puissance propre. Ce n'est pas son bien, sa propriété ; en un sens, cela ne fait que passer en lui. Et c'est pourtant lui, c'est ce qu'il a d'unique et singulier, comme la musique de Mozart ou l'écriture de Pascal ; c'est son nom.

Etre à chacun par ce qu'il peut au lieu d'exiger de lui ce qu'il ne peut pas : c'est la sagesse de la divine douceur.

Ne pas comparer les dons. Ne pas mettre de hiérarchie. Pas *d'abord*, car il est vrai qu'il faut aussi reconnaître qui est le plus compétent, le plus doué, etc., mais c'est en fonction d'une tâche, d'une situation. Cela laisse entier le don qui est à chacun le sien propre.

Il y a mystérieuse unité des dons. Elle ne paraît que dans leur respect et leur amour réciproques.

Le premier point est de pouvoir connaître ce don qu'on porte ; ensuite, s'y livrer, comme à cela qui à la fois nous est le plus personnel et nous fait avec plus de justesse serviteur de tous ; enfin, vaincre les résistances externes et internes.

C'est beaucoup.

Et beaucoup de gens étouffent, parce que cette force qui est en eux ne vient pas à maturité, elle ne vient pas en fleurs et en fruits.

11. La parole qui dit l'amour n'est pas la parole qui en parle, c'est la parole qui le donne.

Elle peut parler de tout autre chose. Elle peut n'avoir pas l'air aimante. Mais son fruit, pour qui l'écoute, est vie.

Voilà ce qui en signe la vérité.

On peut parler avec ses mains, avec son regard, avec son silence ; avec la simple présence. Et même : avec l'absence nécessaire.

Le vrai amour ne prend rien ; il vous laisse même à votre solitude, la bonne solitude où vous pouvez aller par vous-même, in-dépendant. Mais le vrai amour ne vous abandonne jamais.

Ainsi la parole aimante est-elle comme une demeure où nous pouvons habiter jusque dans l'errance.

9
La chair

1. Le corps de douleur est meurtri, pénétré de morceaux de mort ; il est monstrueusement prolongé — tuyaux, sondes, perfusion.

Comme le désir paraît lointain ! Et toute la flamboyance de la chair !

Corps d'humiliation : au sens tout premier, pas moral. Car c'est un corps abaissé.

Mais, humilié et meurtri, le corps garde, ou acquiert peut-être, son autre grandeur, sa dignité absolue : car il est, reste et devient la présence. La simple présence, sans rien plus, où vient la divine douceur.

Le visage, les mains, le corps — même sans contact — sont, peuvent être le lieu de la pure tendresse.

Le cœur de l'amour, de l'amour *dans* le corps, s'annonce peut-être par là : quand en un sens le corps est sans désir.

Corps de contemplation : car il ne peut ni prendre ni être pris, il est hors du jeu du plaisir, il n'est que parole, la parole de la présence, c'est-à-dire la parole totale de l'être humain entier, là, donné.

Il est hors de l'opposition simple entre l'exaltation du corps et son mépris.

En un sens, jamais le corps n'est aussi grand : verbe de l'esprit, présence d'un désir qui passe tout désir — car c'est le désir de tout, le primitif désir de l'heureuse genèse de tout.

En même temps, corps fragile, bientôt dépouille mortelle. L'homme intérieur ne dépend pas de la machinerie organique. Et si elle se disloque complètement, abîmant même les facultés intellectuelles, la parole, le sentiment, alors l'homme intérieur s'est comme absenté de ce corps-là.

Et — c'est tout un ! Que le corps soit bien plus que ce que nous croyons et beaucoup moins que nous ne rêvons. C'est tout un. (Ainsi l'Evangile est-il détachement du corps et foi en le corps impérissable, le corps de résurrection.)

C'est qu'il y a un corps invisible, ou un invisible du corps, j'entends : invisible au regard qui bute et s'arrête, dominé par cette réduction matérialiste où nous sommes tous, y compris ceux qui la dénoncent, y compris, ô combien, beaucoup de défenseurs du « spirituel ».

2. Oh ! qu'est-ce que je viens de dire ? Cela touche au plus difficile de ce que nous sommes.

Le pire serait d'y voir un éloge de la misère du corps, sous prétexte que la souffrance et la fatigue sont de bons remèdes du désir et à ses dangers ! Nous venons d'un monde où le haut chemin s'est voulu continence par la répression de la chair, par la persécution volontaire de la puissante envie charnelle. Je n'ai pas de goût pour ce chemin-là. C'est le fait de ma faiblesse, sans doute ; mais c'est aussi qu'il me paraît suspect. Je me demande quel sombre désir est à l'œuvre dans cette frénésie du non-désir.

Et je crois que, dans le chaos actuel du sexe, il y a pour une part l'effet, sur le long terme, de ce qu'il y eut d'âpre et d'inhumain dans la volonté de « pureté » ; un effet par réaction.

Il me semble (ai-je raison ?) que le chemin de la divine douceur est différent. En vérité, plus exigeant, et pourtant doux et bon au cœur de l'homme.

Il consiste premièrement en ceci : que la divine douceur soit première. Non pas d'abord l'envie du plaisir, l'envie du jouir ou du soulagement ; ou l'envie de dominer, gagner la guerre, « l'avoir », cet autre, et le soumettre à sa loi ; ou quelque motif d'intérêt ou d'arrangement. Pas davantage le devoir, ou le bien à faire, ou l'idéal à rejoindre, bref, quelque motif du « moi » qui sait, qui veut et qui s'y retrouve.

Mais d'abord ce que j'ai nommé (et qu'on peut nommer autrement) divine douceur.

Dans la relation de l'homme avec la femme ; dans cette rencontre si puissante, qui éveille tout, qui réveille en nous le plus ancien, qui ouvre à la puissance de vie son chemin le plus naturel, qui est à l'être humain le signe de maturité.

Que lui vienne d'abord, peut-être par un long, long chemin, la divine douceur : un prodigieux respect, un désir de vie pour l'autre et la présence, la simple présence, le corps de contemplation.

A partir de là, selon chacun. Et ce qui paraîtra plat et fade aux uns sera aux autres exultation ; et ce qui paraîtra à d'autres sensualité ou même vice sera à d'autres encore chemin de leur libération, la possibilité de dénouer dans l'amour les désirs impossibles, les envies archaïques, qui s'étaient noués dans la détresse.

Rien n'effraie la divine douceur ; ce qui commence en elle est hors du jugement ; j'entends, de la prétention extérieure à donner des bons et des mauvais points. Que ce soit au nom de la morale ou au nom de la psychologie, au nom du devoir et du bien ou au nom du désir libéré et de l'émancipation !

3. Que toujours la divine douceur précède !

Alors, il n'y a plus de mal. Tout ce qui arrive de mauvais est épreuve ou passage, mais pas la chute ou la mort. Même si tu habites au désert parmi les fauves ! Même si l'âme de ton corps est emplie de désirs fous ! Même si le film pervers se répète à l'infini !

Que toujours la divine douceur précède ! Sans cesse ramène-toi en son commencement.

4. L'homme et la femme peuvent s'y donner tout, y reprendre tout : conception, gestation, naissance, allaitement, maternance et paternance ; et s'y délivrer.

Ils peuvent y venir hors de papa-maman, et de tout le malheur des générations antérieures. Ils peuvent l'un pour l'autre, l'un par l'autre sortir du cercle, sortir de la répétition, se donner, sans le vouloir, sans y songer, le don juste au juste moment, retraversé.

Cela se peut, s'ils ont mis hors d'eux, hors de l'espace impalpable entre eux, ce qui les unirait *par la mort*.

5. Est-il possible de tout entendre positivement ?

Est-il possible d'entendre le désir humain, entièrement, tout entier, du lieu insaisissable de la divine douceur ?

Il me semble déjà qu'il faut une grande indulgence pour ce qui trahit, chez l'être humain, le désir de vivre. Et aux deux sens du mot trahir !

Pauvres humains souvent si accablés ! Y compris ceux qui ont l'apparence du bonheur. Et accablés de ce côté-là : pris dans les méandres de l'amour impossible, de la haine dans l'amour, de la fuite sans fin, du lien et de l'absence de lien.

Ce qui, encore et toujours, demande à être dénoncé sans faiblesse, c'est le meurtre — et tout ce qui le nourrit.

Mais tous les tâtonnements, les fièvres, les errances, les irrésistibles besoins de *se prouver* qu'on est vivant, qu'on peut — oh, c'est plutôt faiblesse.

Il est vrai que cette faiblesse se mélange au meurtre ; elle tue fort bien. Voilà qui ne simplifie pas.

En tout cas, la vieille obsession coupable à propos du sexe ne nourrit ni la liberté ni l'amour ; mais la frénésie de se satisfaire, non plus.

La divine douceur passe à l'écart de ces lieux-là. Elle n'est ni inquiète ni avide. Mais — qui peut y prétendre ?

6. Quelque chose se cherche à travers le feu du désir. Quelque chose veut se dire à travers l'orgie des fantasmes.

Le mieux est que le désir obscur trouve sa voie.

Sa voie accomplie est la divine douceur. Elle reprend tout de l'homme, elle met tout dans la lumière.

Elle ne s'attarde pas, elle ne s'inquiète pas. Elle va de l'avant.

Nous devons laisser vivre tout ce qui en nous vit, nous devons abandonner à la mort ce qui est mort. Mais qui est sûr du discernement ?

7. La chose n'est pas la chose : et méfiez-vous du mot qui la désigne. Tout parle. Il n'y a de vérité que d'écoute.

Que veux-tu, que veux-tu, homme ? Quel est ton vœu le plus profond ? Tes envies sont des signes et des masques.

C'est le plus archaïque du corps qui dit l'esprit en vérité. C'est le plus grossier, à l'œil extérieur et jugeur, qui devient verbe de la plus haute élévation.

C'est dans le manger et le boire que vient la divine douceur — pure, absolue, vraiment divine. Le manger et le boire du corps lui-même et du sang.

Voilà une parole qui, dès la première fois, fut dure à entendre.

8. Il y a, dans le feu du désir : le désir de jouir, le désir de ne faire qu'un avec l'autre, le désir d'initier, le désir d'être initié, de connaître enfin, de savoir le secret, le désir d'apaisement — l'esprit et le corps tranquilles, la fin de la tension insupportable — le désir de se sentir vivant, le désir d'avoir

la preuve qu'on est vivant, le désir de faire agir sa force, le désir de donner la vie, le désir de survivre au-delà de soi-même, le désir de revenir au lieu d'avant naître, le désir de naître et de renaître, le désir de mourir, de s'abandonner, le désir d'être pris, reçu, amoureusement englouti, le désir de s'ouvrir, être pénétré, envahi, le désir de vaincre, pénétrer, venir et revenir jusqu'à la victoire, le désir de la délicieuse défaite, le désir de se donner, le désir de donner tout.

Et d'autres désirs encore, et le désir d'extase : sortir de soi, s'anéantir dans l'extrême affirmation de soi-même — hors de soi.

Si l'on prend ces désirs un à un — comme ils disent le désir de l'homme et sa destinée !

Et ne sont-ils pas, dans le feu du désir, prodigieusement rassemblés ?

Mais le feu du désir retombe et s'éteint.

La divine douceur, dans sa sobriété, je crois qu'elle ne veut pas moins que le feu du désir. Mais c'est sans retombée et sans fin. C'est, de quelque façon, hors de la mort.

9. Folie ? Rêverie ? (et de bien dangereuse espèce ?).

Mais toujours la divine douceur semble folle. Je l'ai dit : elle n'est pas naturelle. Elle qui ne vient que par grâce paraît aussi le fait du choix le plus risqué : double motif de l'exclure du raisonnable.

Pourtant, elle est sagesse. Elle est discrétion et mesure. Etrange désir sans désir ! Car il ne veut point la satisfaction mais l'amour ; il ne se fixe pas sur ce qu'il tient, mais il ne tient que par l'insaisissable, où commence la divine douceur.

10
Le soulèvement du monde

1. La vie, les choses, les gens, les jours qui passent, la mort qui vient, les nécessités, les circonstances, les hasards, les amis perdus et retrouvés, les douleurs, les moments de grâce, les visages de l'amour, et tous les jours les choses à faire, et l'amour du silence, et la parole, s'il se peut, pour toujours — la vie.

2. Pourquoi faut-il que ce soit dans la douleur et la peine que nous venions aux choses premières ? Ne viendraient-elles pas beaucoup mieux dans le bonheur ?

Oh, que je suis fatigué d'être moi !

3. Il y a un bonheur fondamental qui ne dépend de rien. La preuve : ces admirables, dont j'ai parlé.

Et il y a des gens qui ont tout, tout — et le malheur absolu.

Ce primitif bonheur tient à ce simple que j'ai dit. Il vient de par là. Il peut cohabiter avec la douleur et même, je crois bien, avec la détresse.

D'être en ce bonheur-là, c'est le don premier que je puis faire à ceux que j'aime ! Et à quiconque croise mon chemin. Car c'est de *mon* bonheur — ce bonheur-là — qu'il a d'abord besoin. Mais ce bonheur n'est pas à moi. Il est en moi, comme la lumière dans la lampe.

Je le nomme bonheur : c'est un mot simple. On peut en trouver d'autres.

On peut dire qu'il ne dépend pas de moi du tout : aucun effort, aucun savoir ne pourront l'engendrer. Et pourtant, pourtant, c'est mon œuvre la plus essentielle.

Il ne se distingue pas de l'amour d'amitié, un amour universel, pas parce qu'il est « en général », mais au contraire parce qu'il est tout entier pour tout être, pour chaque chose, pour chaque humain.

Je puis demander ce bonheur. Je puis habiter le désir d'y être, le désir d'être proche de cette toute native jubilation, que la mort même — la mort venant — est incapable d'attrister.

Je puis au moins me recueillir dans le désir d'être là, comme hors de moi et enfin donné à moi-même ; moi devenu entièrement la parole aimante qui n'est que de qui la nourrit et de ce qu'elle donne.

Le peu que j'ai de ce plus-que-bonheur, c'est cela qui me justifie de survivre.

4. Tout va vers le simple.

Mais le très simple engendre l'abondance ! Richesse de la création ! Richesse des œuvres !
Saine abondance et foisonnement de la vie généreuse. Anti-cancer, anti-stérilité.
Nous aimerons toute chose bonne.
Nous goûterons l'aimable fruit que la jeunesse de la création nous offre en nourriture. Tout fruit est bon à manger, comme au jardin du paradis.
Nous aimerons le bonheur.
Nous aimerons le joug peu pesant et le fardeau léger : juste ce qu'il faut pour bien vivre, et pas plus. — Car la loi de la loi est que la loi doit servir l'homme et non l'inverse.
Nous aimerons les visages et les rires, nous nous mettrons à table avec allégresse.
Peut-être est-ce notre renoncement, notre très vive purification.
Car à l'homme dolent la tentation la plus forte est sans doute d'aimer la douleur — et les bénéfices qu'il en tire.
Or je crois que — par rapport à la fulgurante santé de la divine douceur — tous sont encore dolents et malades. En sorte que la santé et le

bonheur ordinaires peuvent être les bénéfices secondaires d'un mal auquel l'homme ne sait pas renoncer.

5. Désir d'agir. Désir d'une vie justifiée par son engagement.

Ah! que cela date, camarade ! Eh bien ! tant pis. Ce n'est pas d'être vieux ou récent qui définit le neuf, c'est d'être naissant.

Et il est vrai qu'il faut surmonter un immense découragement. Comme si, aujourd'hui, le choix était entre : se résigner — sous les apparences au besoin de l'adaptation, du bonheur, de la sagesse critique, du réalisme ; se resserrer — sur quelque croyance poussée à l'incandescence puis coulée dans le béton, attentive seulement à elle-même, sécurité absolue au-dessus d'un gouffre oublié.

Et quelle troisième voie ? Quel tiers-parti ? Le juste milieu ? Le centre ? Le mélange ?

Ah non, non. L'autre voie est bien plus forte que le fanatisme, bien plus libre et large que le scepticisme.

Je crains qu'elle ne soit inscrite sur aucune carte et que des vies entières se passent, ces temps-ci, à l'espérer, l'attendre, la chercher.

Il serait triste que ce soit en vain.

6. La volonté de la foi, c'est renoncer, passer outre, arrêter le flux des images, des envies — c'est ne pas « expérimenter », ne pas tâter ci ou ça.

Par foi. Alors même que rien ne compense.

C'est s'obstiner, travailler, durer — par foi. Sans le fruit goûté.

C'est ne pas se presser, ne pas se hâter, défaire la compulsion — par foi. C'est, par foi, voir large et aller au fond.

Non la volonté d'abord, puis la foi. Mais la foi, puis la volonté.

Mais quelle foi ? Il y en a tant, et de si confuses ou suspectes ou mortelles !

La foi dont la divine douceur est mère et substance.

La foi, c'est d'être à cet amour sans les signes ni le gratifiant de l'amour. A cet amour — seul.

Toutefois, en l'espérance de son fruit.

C'est à l'extrême opposé, à l'extrême éloigné de la raideur et du fanatisme.

7. Mais, dites-vous, ça ne s'accorde pas bien avec ce que vous disiez tout à l'heure ?

Non, ça ne s'accorde pas : pas plus que fa majeur avec do dièse mineur. Mais ça ne s'oppose pas non plus, pas plus que fa majeur ne s'oppose à do dièse mineur.

Musique, camarades !

Et la parole est aux discours ce que la musique est à la musicologie.

8. Transformer le monde : pas en régissant tout — folie des pouvoirs révolutionnaires — mais en appuyant là juste où s'opère le décisif.

Le levier d'Archimède de l'autre révolution ! Ne pas vouloir soulever la pierre monstrueuse à bout de bras ! Agir sur le levier — il est invisible sur le grand théâtre du monde.

9. Pessimiste, moi ? Est-ce que je ne suis pas très content, et pour les plus précises raisons, des progrès de la médecine ? De la chirurgie et des antibiotiques ? Est-ce que je ne suis pas très satisfait de manger à ma faim ? Et d'être (paraît-il) assuré d'être entretenu sur mes vieux jours, s'il y en a ?

Est-ce que je n'apprécie pas l'auto, la radio, la télé, le téléphone et autres habiles inventions ?

Est-ce que je ne préfère pas une société où l'on pense comme on veut, où l'on dit ce qu'on pense, où l'on circule à son gré aux sociétés esclavagistes, féodales, inquisitoriales ?

Me croyez-vous du goût pour la peste, la faim, la guerre ? Je rends grâce de ne pas habiter dans l'horreur.

Mais est-ce de ma faute si tous ces bonheurs se paient ?

Si nous ignorons même à quel point le prix est élevé ?

S'ils manquent à beaucoup ? La *majorité* des humains est dans une détresse effroyable.

Ou si, en même temps que tous ces progrès,

ces réussites, par eux, contre eux ou hors d'eux, nous vivons un manque si grave que nous n'avons même plus de mots pour le dire ?

Car le dire spirituel, moral, religieux ou philosophique, c'est encore rester à notre surface. Et il touche la profondeur que nous n'atteignons plus — nous l'avons déclaré inexistante.

Cancer : prolifération monstrueuse et mortelle de la vie. Sida : destruction des défenses.

Les maladies typiques d'une époque sont de réelles maladies du corps.

Et est-ce qu'elles ne diraient pas quelque chose — de plus ?

10. Le choix serait-il pur ?

Oh ! non ! Il vient, camarade, de nos névroses. De nos ratages et nos ressentiments. De notre besoin de certitude. De notre besoin d'être au chaud, avec des compagnons de certitude. Il vient d'en bas. Il transpose l'inavouable. Il fuit la réalité.

Autrement dit : il est humain, c'est un choix d'homme.

S'il vient *aussi* de la divine douceur, cela veut dire que la divine douceur travaille en lui.

Mais ne te repose jamais sur ton choix ! Ne le crois jamais acquis ! Ne prétends pas ! Sinon, ton beau choix pourrit.

11. Le remède à la folie serait-il le monde froid ?

On peut mourir de froid. On ne le sent pas. Tout demeure : les occupations, la réussite, la pensée.

L'amour s'en va.

L'amour est douloureux. Oh, pas en lui-même. Mais il éveille la souffrance morte, il touche la douleur intouchée.

L'amour parti, vient la grande paix froide. Elle a pour elle l'évidence de la mort.

Mais vous n'avez pas vu la *profondeur* de l'amour. Il est au cœur de la pensée, du travail, de l'œuvre. Vous ne le voyez pas ; il agit.

L'amour parti, l'homme peut courir encore longtemps sur sa lancée. Il est mort, et il ne le sait pas.

Il existe des mondes morts, des planètes humaines mortes. Tout y fonctionne, et plutôt plus aisément que là où la vie met son trouble, ses appétits, sa générosité dangereuse.

Que manque-t-il à ces gens-là, qu'ils puissent désirer ? La divine douceur, pour eux, c'est l'autre monde, c'est une peur si secrète qu'elle ne se nommera jamais...

A moins d'un choc, d'un ébranlement formidable.

12. Si vous aimez ceux qui vous aiment, quoi d'extraordinaire ? C'est du donnant, donnant.

En fait, ce n'est déjà pas si mal, puisque beaucoup ratent même ça : leur vie baigne dans l'amour empoisonné, tourné en solitude froide et en haine réciproque.

La divine douceur veut beaucoup plus.
Elle aime l'ami inconnu, elle rapproche le lointain (comme le Samaritain de la parabole). N'est-elle pas hospitalité ?
Elle n'est pas dans un réseau commandé, dans le catalogue des relations. Elle est jetée au grand vent du monde, donnée à qui viendra.

Elle est amour des ennemis.
Ah ! ce point-là !
Ai-je des ennemis ? Qui n'en a pas ? Mais pour certains, à certaines heures, c'est brûlant, hurlant, c'est le bourreau, le persécuteur, le pervers, c'est le SS devant le juif, le policier du goulag devant le zek, l'affameur devant le père et la mère. Pour d'autres, c'est diffus, lointain, apparemment absent, recouvert de bons sentiments ou d'indifférence.
En vérité, l'ennemi n'est pas seulement celui qui me fait la guerre ou à qui je la fais. Ou encore : le meurtre n'est pas seulement ce qui a figure de meurtre. Le meurtre est ce que nous habitons, avec une profondeur et une violence que nous n'imaginons pas. Nous baignons dans l'inimitié. Elle est seulement dissimulée par tout ce qui fait figure d'ordre ou nécessité ou justice, et qui est seulement la guerre gelée, figée dans l'état de choses.
Et il y a l'inimitié dans l'amour même. Le proche, l'ami, les parents ou les enfants, l'amant ou

l'amante, l'époux ou l'épouse — tous sont ennemis par ce qui, en eux, n'est pas selon mon désir. Ils sont ennemis parce qu'ils ne sont pas tout à moi. Ou parce qu'ils sont miens autrement que je ne voudrais. Ennemis par leur chemin propre, par leurs faiblesses et peut-être plus encore par leurs dons. Irritation réciproque !

Aimer ses ennemis, quand on est au vif de la chose — quand on en voit l'ampleur, la largeur, la profondeur — paraît impossible, inhumain. Contre-nature. Injuste.

J'entends : les aimer sans illusion et en même temps sans réserve.

Pourtant, c'est cela seulement qui modifie l'humanité, qui la rend un peu plus humaine.

Et c'est seulement *à partir de là* qu'on peut s'attaquer — et il le faut — aux grandes structures, aux grandes machines qui paraît-il mènent le monde ; et changer cet ordre fou et sortir autant qu'on peut du chaos.

Autrement l'on ne fait que déplacer, transposer, habiller autrement la violence.

13. L'universel — la grande fraternité universelle, l'humanité réconciliée, la paix vivante, l'unité vivante du grand tout — ça ne s'atteint pas en élargissant la surface, mais en creusant plus profond.

Ça ne se réalise pas par l'idée ou par le pouvoir. Mais c'est quand un humain aime un autre humain, bien qu'il soit pour lui l'ennemi et l'étranger ; c'est quand réellement se rompt le cercle du meurtre.

L'universel n'est pas en quelque chose qui ferait que les hommes s'accordent, se respectent, se reconnaissent. Il est cet accord, respect, reconnaissance, ici et maintenant, quand il se fait, quand il se donne.

Il n'est pas en quelque chose, il est cet amour même.

C'est pourquoi rien de plus dangereux que de dire *par quoi* les hommes vont enfin devenir un et tous libres, puisque toute force de servitude aura disparu. C'est le chemin le plus court de l'oppression absolue : puisqu'elle s'appuie (paraît-il) sur la liberté et la justice, sur l'amour et la joie commune.

14. Flamme invisible, feu qui coule du ciel hors des regards, eau de feu, la divine douceur n'est ni au marché, ni au palais, ni sur le champ de guerre, ni au conseil des puissants, ni dans le tintamarre des assemblées.

Prépare ton cœur, ô homme, à ce qui est sans figure et qui est le visage, sans voix et qui est la parole, sans force et qui est la toute-puissance. Prépare ton cœur à un bonheur excessif, qui brise ton goût du bonheur et te mène sur le chemin que tu ne veux pas. Prépare ton cœur à la paix qui passe toute connaissance.

15. Nous verrons des hommes ordinaires et secrets porter le très grand désir qui n'a ni nom ni place dans le monde où nous sommes. Des hommes aussi ordinaires que ces chrétiens que décrit la « lettre à Diognète », qui allaient à leur travail, en ville, aux bains, s'habillaient comme tout le monde, ne faisaient pas secte ni bande à part. Mêlés.

Mais leur intérêt est ailleurs. La part de vie qui est la leur, ils la donnent et la consacrent — autant qu'ils peuvent — à ce qui seulement compte, à ce qui est éternel en l'homme.

Eternel, le mot est lâché.

Travailleurs de l'éternel.

Pas l'éternel de la rêverie ou celui de la spéculation. L'éternel d'ici et maintenant quand l'eau de la source, le sang de la vie, le souffle de la divine puissance ont en l'homme leur demeure et leur temple (et les trois ne font qu'un).

Des hommes ordinaires, mêlés aux hommes, sans rien en eux qui fasse spectacle selon la vertu, l'ascèse ou la sagesse.

Notre combat. Des moyens pauvres. La parole. Le soin. L'ardente préparation. La vie commune. L'au-delà du désir et l'amour des ennemis.

La divine douceur : moyen et fin.

16. Ô Kabyle mon voisin, mon camarade aux urines sanglantes !

Et vous tous, qui êtes l'envers du monde.

Je ne me penche pas sur vous, je ne veux pas

vous faire du bien. Le vieil Evangile disait : partage.

Chacun à sa mesure, sans plus et sans moins.

Tous égaux dans la mort commencée. Tous égaux pour la vie.

Et pas pour l'uniformité ! Pour la merveilleuse inégalité des dons et des œuvres, la fraternelle inégalité !

Qu'est-ce donc qui nous en empêche ? Qu'est-ce qui nous resserre chacun, dans la séparation imbécile ?

Ô vous, dont j'étais, dont je suis, les écartés, les allongés, les promis à la mort, les sans force et sans pouvoir — à tout être humain vivant, il est permis d'être le sel de la terre.

Il lui suffit d'aimer, autant qu'il peut, la divine douceur. Il lui suffit, dans l'océan de trouble et de douleur, d'une goutte de cette eau pure.

Alors, *à la mesure même de son abîme*, fût-ce le désespoir et la folie, sa vie humaine s'élève à la vie divine, qui est la vie humaine enfin libre de l'horreur et du démoniaque — libre en sa source et son principe.

Alors, tout humain peut ouvrir la bouche, pour nourrir sa grande faim et donner sa parole au monde.

Car tel est le mot de la divine douceur, le premier et le dernier, elle ne dit rien d'autre : il n'y a pas de bouche inutile.

La Chapelle en Valgaudemar,
septembre 1987
Paris, mai à novembre 1987

Table

Le tout petit livre de la divine douceur 9

I

1. Entrée de la divine douceur 13
2. Le plus dur 17
3. Le simple et le nécessaire 25
4. En traversant 35
5. La mort 43

II

6. Le sursis 57
7. La part secrète 59
8. Le fond du malheur 73
9. La chair 83
10. Le soulèvement du monde 93

13ᵉ édition - 21ᵉ mille

Achevé d'imprimer en octobre 2005
dans les ateliers de Normandie Roto Impression s.a.s. à Lonrai (61250)
pour le compte des Éditions Desclée de Brouwer
Nº d'imprimeur : 052669
Dépôt légal : octobre 2005

Imprimé en France